Liebe Leserin, lieber Leser,

ich erlebe es immer wieder in meinen Begegnungen: Das Bedürfnis nach Ritualen ist heute sehr groß. Rituale wollen uns helfen, jeden Tag in seiner eigenen Qualität wahrzunehmen und ihn so zu gestalten, dass es ein gesegneter Tag wird, dass wir von Gottes Segen umfangen sind.

Rituale haben für mich eine vielfache Bedeutung. Zunächst einmal sind sie etwas Handfestes: Ich nehme einen Stein in die Hand. Ich zünde eine Kerze an. Dieses Handfeste bringt mich mitten im Alltag in Berührung mit mir selbst. Ich unterbreche meine Routine und spüre im Ritual mich selbst.

Rituale öffnen den Himmel. Sie haben mit Gott zu tun, zeigen mir den Horizont auf, unter dem ich lebe. Indem ich etwas in die Hand nehme, vergewissere ich mich, dass der Himmel sich über mir wölbt, dass Gottes segnende Hand über mir ist.

Rituale schenken mir zudem die Gewissheit, dass mein Leben gelingt. Gott wird vollbringen, was er mir verheißen hat: dass mein Leben einen Sinn hat, dass ich mit meinem Leben eine Spur eingrabe in diese Welt.

Und Rituale sind wie ein Haus, in dem ich wohnen kann. In den Ritualen vergewissere ich mich so, dass ich an jedem Ort dieser Welt zu Hause bin, zu Hause sein kann.

So möchte ich dich, liebe Leserin, lieber Leser, einladen, den folgenden Ritualen in deinem Alltag einen festen Platz zu geben und sie einzuüben, damit sie dir zu einer Heimat werden.

Dein Pater Anselm Grün

Beginne den Morgen
mit dem großen Kreuzzeichen.

Stelle dich aufrecht hin und berühre ganz bewusst und achtsam mit deiner rechten Hand die Stirn. Lass die Liebe Gottes heute in dein Denken hineinfließen. Dann lege deine Hand auf deinen Unterbauch. Lass die Liebe Gottes in deine Kraft, in deine Vitalität hineinströmen. Dann lege deine Hand auf die linke Schulter. Lass die Liebe Gottes in dein Unbewusstes hineinfließen, in die Bilder, die tief in deinem Unbewussten schlummern. Dann lege deine Hand auf die rechte Seite. Lass die Liebe Gottes in deine bewusste Seite strömen: in dein Handeln, in deine Kraft und in deine Entscheidungen.
Du kannst das Kreuzzeichen schweigend machen. Du kannst es aber auch mit den Worten verbinden: »Im Namen des Vaters und des Sohnes und des Heiligen Geistes.« Dann spürst du, dass es der dreifaltige Gott ist, der alles in dir durchdringt.

Mit dem Kreuzzeichen hast du dich selbst gesegnet und den Segen Gottes in deinen Leib strömen lassen. Gib heute nun den Segen weiter, damit von dir an diesem Tag Segen zu allen Menschen ausgeht, denen du begegnest.

Stelle dich aufrecht hin und erhebe die Hände zum Segen. Die Handflächen sind nach vorn gerichtet. Dann stelle dir vor, wie durch deine Hände Gottes Segen zu den Menschen strömt, mit denen du dich besonders verbunden fühlst, aber auch zu denen, mit denen du dich schwertust. Stelle dir vor, dass der Segen Gottes zu diesen Menschen strömt und sie mit Gottes Liebe einhüllt wie ein wärmender Mantel. Er schützt sie vor aller Kälte, die ihnen von außen begegnet. So wird dieser Tag ein gesegneter Tag werden. Du hast dann Vertrauen, dass alles, was du in die Hand nehmen wirst, Segen bringt. Und du wirst den gesegneten Menschen so begegnen, dass du selbst von ihnen Segen empfängst.

Beginne den Tag,
indem du eine
Kerze anzündest.

Zünde die Kerze bewusst an. Dann betrachte sie und das warme Licht, das von ihr ausgeht. Stelle dir vor, dass dieses Licht alle Dunkelheit aus dir vertreibt. Die Wärme, die von der Kerze ausgeht, will alle Kälte aus deinem Herzen verbannen.

Du kannst dir beim Anzünden Worte aus der Bibel langsam vorsagen. Beispielsweise den weihnachtlichen Text aus Jesaja: »Das Volk, das im Dunkel lebt, sieht ein helles Licht. Über denen, die im Land der Finsternis wohnen, strahlt ein Licht auf« (9,1). Indem du dieses Wort laut in das Licht der Kerze hinein sprichst, erlebst du, dass alle Dunkelheit aus deinem Herzen verschwindet. Und auch die Welt mit ihrer Finsternis, die dir in den Nachrichten täglich begegnet, verwandelt sich. Du kannst sie voller Hoffnung anschauen. Dann erfährst du in der Kerze Jesus selbst, der jetzt in deinem Zimmer gegenwärtig ist und dein Herz mit seinem Licht erfüllen möchte.

Worte wollen gesprochen
und geschrieben werden.
Im Sprechen und im Schreiben
taucht das Geheimnis
des Wortes auf.

Nimm dir ein Wort aus der Bibel und schreibe es langsam auf. Während du das tust, spürst du vielleicht, dass du gar nicht an das Geschriebene glauben kannst. Die Worte klingen schön, aber eigentlich weißt du gar nicht, was sie bedeuten.

Schreibe nun zwanzig Minuten lang immer wieder dieses Wort auf, bis es in dein Herz fällt und du daran glauben kannst. Oder schreibe einfach die Worte um. Spiel mit den Worten, ringe mit ihnen, schreibe auf, was aus deinem Herzen heraus will. Du kannst das vorgegebene Wort aus der Bibel gleichsam wie eine Nadel nehmen, die etwas ansticht. Und auf einmal kommt alles heraus, was in deinem Herzen ist, alle deine Gefühle und Gedanken – auch die, die dich verwirren. Indem du all das aufschreibst und immer wieder mit dem vorgegebenen Wort konfrontierst, wird etwas in dir in Bewegung kommen. Du wirst auf einmal das Wort der Bibel anders und tiefer verstehen.

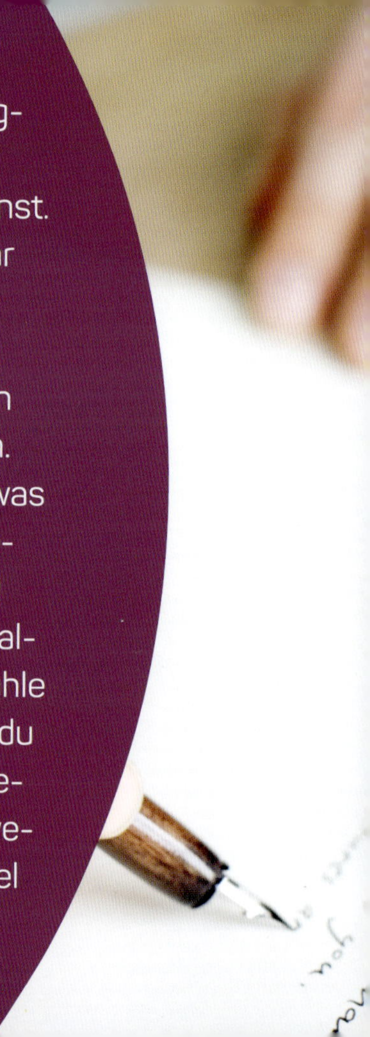

Nimm dir eine schöne Blume,
um sie zu betrachten.

Meditiere einmal die Schönheit dieser Blume. In der Schönheit der Blume entdeckst du etwas von Gott. Gott hat die Blume geschaffen. Gottes Geist durchdringt die Blume und bringt sie zum Blühen. Die Schönheit, die dir entgegenstrahlt, ist die Schönheit Gottes selbst. Im Betrachten der Blume geht dir Wesentliches über Gott auf.
Meditieren heißt, ein Bild in sich einzubilden, damit es all die Bilder in mir wachruft, die tief in meiner Seele bereitliegen. Diese Bilder in mir sind heilende Bilder, die mich immer mehr mit dem einzigartigen und einmaligen Bild in Berührung bringen, das Gott sich von mir gemacht hat.

Brich heute einmal ganz
bewusst dein Brot.

Brotbrechen ist nicht nur etwas Praktisches, um das Brot besser essen zu können. Es ist vielmehr voller Symbolik. Ich breche das Brot, damit es für mich Nahrung wird, damit ich davon leben kann. Ich breche etwas Ganzes auseinander, damit das, was in mir gebrochen ist, ganz wird.

Wenn du im Ritual das Brot brichst, sollst du es zuvor wie Jesus achtsam in die Hände nehmen und segnen. Dann spürst du, was Segen bedeutet: dass dieses Brot dich nährt, dich stärkt. Gottes Segen berührt und erfüllt dich in den Gaben der Schöpfung. Gottes Segen dringt in dich ein. Alles, was du zu dir nimmst, ist von Gott gesegnet. Indem du das Brot segnest, bevor du es brichst, bekommst du ein neues Gespür für alles, was du isst. In allem nimmst du Gottes Segen in dich auf.

Das Gehen ist ein einfaches Ritual.
Tu das, was du jeden Tag tust, bewusst:
gehen, bestimmte Gänge verrichten,
spazieren gehen, wandern.

Stelle dir bei jedem Schritt vor, dass du aus allem auswanderst, was dich gefangen hält: aus Gewohnheiten, aus Bindungen, die dir nicht guttun, aus den Erwartungen der Menschen. Gehe langsam immer weiter. Im Gehen bejahst du, dass du dich immer wandelst. Gehe langsam und verliere im Gehen nicht deine innere Mitte, den Raum der Stille in dir. Unser Novizenmeister hat uns im Noviziat geraten, nach dem Chorgebet so durch den Kreuzgang zu gehen, als würden wir eine kostbare Schale mit dem Wasser der Gnade vor uns hertragen. Wenn du mit diesem Bild gehst, wird dein Gehen etwas Heiliges.
Du trägst auf deinem Weg letztlich Gott in die Welt. Du bist dann gleichsam eine Monstranz, die in heiliger Prozession Christus selbst in die Welt trägt.

Gönne dir heute die Zeit,
in aller Ruhe Musik zu hören.

Suche dir ein geeignetes Musikstück aus. Entscheide dich für die Musik, die dir dein Herz vorschlägt. Und dann schließe die Augen und höre dich in die Musik hinein. Lass sie nicht nur in dein Ohr dringen, sondern in dein Herz, ja in deinen ganzen Leib. Stelle dir vor, wie die Musik ihn durchdringt und ihn zum Schwingen und Klingen bringt. Die Musik, die den Leib durchdringt, führt dich zu einer neuen Erfahrung deiner selbst. Oft erfährst du, dass dein Leib voller Spannungen ist und voller wirrer Gedanken. Wenn dein ganzer Leib aber von Musik erfüllt wird, dann beginnt er zu schwingen. Die Musik lässt ihn wieder in den ihm eigenen Rhythmus einschwingen. Das bringt nicht nur den Leib zum Leben, sondern auch die Seele. Musik beflügelt die Seele.

Nimm dir heute Zeit,
einfach still zu sein.

Setze dich in deinem Zimmer in die Gebetsecke oder suche dir einen stillen Ort, etwa eine Kirche oder einen abgelegenen Platz in der Natur. Lausche auf die Stille um dich herum. Genieße die Stille, die dich umgibt. Doch dann höre auch auf die Stille, die in dir ist. Stelle dir vor, dass du beim langsamen Ausatmen durch alle Bereiche deines Leibes und deiner Seele hindurch bis auf den Grund deiner Seele gehst.
Du erreichst die Stille nur, wenn du die lauten Räume deines Herzens durchschreitest, wenn du durch deinen Ärger, deine Angst und Eifersucht, deine Schuldgefühle und deine Traurigkeit hindurchgehst. All das innere Chaos darf sein, du musst und darfst es nicht verleugnen. Aber du bleibst nicht darin stecken. Du gehst tiefer bis in den Grund deiner Seele. Und dort ist reine Stille. In diesem Raum wohnt Gott in dir. Hier darfst du einfach sein.

Übe heute einmal
den Gedanken ein:
Ich werde neu geboren.

Schließe die Augen und stelle dir vor, dass du in
diesem Moment zum ersten Mal das Licht der Sonne
erblickst. Mit dir wurde ein einzigartiger Mensch ge-
boren. Du bist noch nicht durch deine Erziehung fest-
gelegt und geprägt. Du bist nicht festgelegt auf ein
bestimmtes Schicksal. Alles ist neu, unberührt und
unverfälscht.

Dieses ursprüngliche, makellose Kind ist in dir. Versu-
che mit diesem Kind in dir in Berührung zu kommen.
Wenn dir das gelingt, wirst du frei von dem Druck, dich
vor anderen beweisen zu müssen. Du bist einfach. Du
gehst in diesen Tag und lebst das, was in dir ist. Nimm
die Dinge des heutigen Tages mit diesem inneren Bild
in die Hand und gestalte sie so, wie es in den Dingen
selbst schon angelegt ist. Dann wird deine Arbeit neu
und kreativ werden, und du wirst in deiner Arbeit die
Schöpfung Gottes nachahmen, die alles neu macht.

Gott hat uns mit unserer Geburt einen Engel zur Seite gestellt. Er begleitet uns auf unserem Weg, er behütet und beschützt uns und trägt uns beim Sterben über die Schwelle des Todes in Gottes Arme. Spüre heute einmal deinem Schutzengel nach.

Stelle dir vor, dass dein Schutzengel dich auf all deinen Wegen begleitet. Er ist keine Garantie dafür, dass dir nie etwas passieren wird, aber er schützt deinen inneren Kern. Er begleitet dich, auch wenn du manchmal Umwege oder Irrwege gehst. Er hält dich aus, auch wenn du dich selbst nicht aushältst. Er ist dein innerer Begleiter.
Dein Engel ist Bote Gottes. Gott lässt dich in keinem Augenblick allein. Dieser Bote kann ein innerer Impuls sein, eine innere Gewissheit oder auch die Erfahrung von Getragen- und Behütetsein.
Wenn du mit diesem Bewusstsein heute in den Tag gehst, wirst du behutsamer gehen. Du wirst achtsamer auf deine Seele hören. Du wirst jede Situation in einem neuen Licht sehen.

Heute möchte ich dich einladen, ein Wort des heiligen Benedikt zu meditieren: »Alle Geräte und den ganzen Besitz des Klosters betrachte der Mönch als heiliges Altargerät« (Benediktsregel 31,10). Es geht um den achtsamen Umgang mit dir und anderen und den Dingen, die dich umgeben.

Beginne den Morgen mit einem Ritual der Achtsamkeit: Setze dich dabei ruhig hin und achte nur auf den einen Augenblick und auf das, was in diesem Augenblick geschieht. Du atmest ein und atmest aus. Du bist ganz im Augenblick.

Wenn du den Morgen mit diesem Ritual der Achtsamkeit beginnst, dann wirst du es auch tagsüber fortsetzen können. Alles, was du berührst – deinen Kugelschreiber, deinen Computer, den Hammer, mit dem du einen Nagel einschlägst, die Schere, die Tür, deine Bücher und Zettel –, berührst du achtsam und behutsam, eben so, als sei es dir »heilig«. Du bist in Beziehung zu dem, was du berührst und was du tust. Du wirst erfahren, dass dir die Achtsamkeit guttut und dass sie deinem Alltag eine neue Prägung gibt.

Heute möchte ich dich zu einem Ritual der Danksagung einladen.

Setze dich hin und atme tief ein und aus. Spüre dem Atem nach. Du spürst das Leben in dir. Der Atem durchdringt deinen Leib. Du ruhst in dir selbst.

Sieh dir ins Gesicht, ohne zu werten. Schaue in dein Gesicht und danke Gott für deine Einmaligkeit, für die Schönheit, die dir entgegenstrahlt, für die Erfahrungen von Freude und Leid, von Liebe und Enttäuschung, die dieses Gesicht geformt und die sich in dein Gesicht eingeprägt haben.

Betrachte deine Hände und überlege, was sie schon alles geformt und gestaltet haben, was sie angepackt, auf den Weg gebracht, geschaffen haben. Danke Gott für deine Hände und für alles, was du mit ihnen zustande gebracht hast. Und auch für alles, was er dir in deine Hände gelegt hat: Kraft, Geschicklichkeit, Zärtlichkeit, Geborgenheit.

Schaue auf das Wunder deines ganzen Leibes und danke Gott für alles, was dieser Leib schon empfangen und gegeben hat.

Meditiere heute einmal das
Geheimnis des Kreuzes.

Stelle dich aufrecht hin und breite deine Hände in Schulterhöhe aus, sodass die Handinnenflächen nach vorne weisen. Dies ist die Gebärde, in der Jesus am Kreuz dargestellt ist. Für die Kirchenväter war dies ein Bild dafür, dass Jesus mit seinen ausgespannten Armen die ganze Welt umarmt.

Wenn du dich in dieser Haltung hinstellst, kannst du dir vorstellen, dass auch du die ganze Welt umarmst. Alles, was in der Natur und im Kosmos ist, das ist auch in dir. Das schenkt dir Weite und Freiheit. Du musst nichts mehr verdrängen. Alles in dir ist von Christi Liebe umfasst. Und die ganze Welt ist voll von der Liebe Christi.

Du berührst in dir selbst und im Kosmos seine Liebe. So brauchst du nicht mehr gegen irgendetwas in dir selbst zu kämpfen: weder gegen deine Angst, deinen Neid oder deine Sexualität. Du umarmst mit der Liebe Christi alles, was in dir ist. So wird es verwandelt und geheilt.

Alles darf sein.

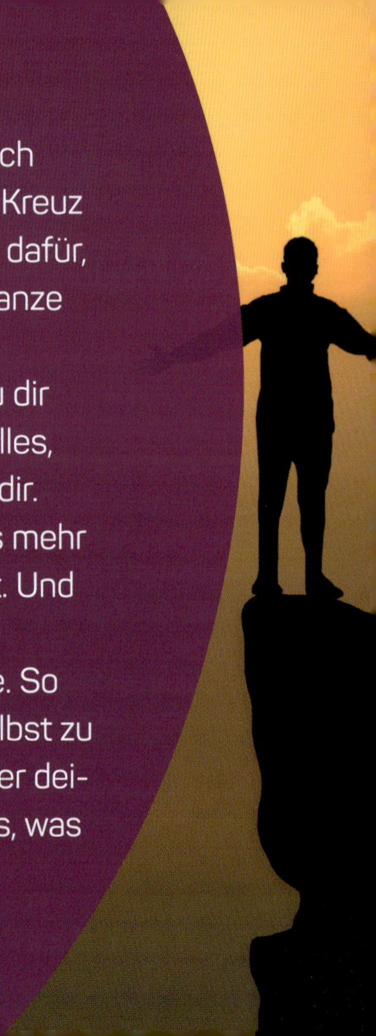

Übe heute einmal
in einem Ritual
das Loslassen
und das Seinlassen.

Schreibe zunächst alles auf, was dir an Unerledigtem und Ballast, den du mit dir herumschleppst, in den Sinn kommt. Nimm dir dazu zwanzig Minuten Zeit. Dann lies dir das Geschriebene nochmals durch. Suche dir einen Platz in deinem Garten oder in einem Wald und grabe mit einer kleinen Schaufel ein Loch, in das du den zusammengeknüllten Zettel vergräbst. Sag dir dazu: »Ich lasse los, was mich belastet. Ich lasse die Verletzungen meiner Vergangenheit los. Ich lasse meine Lebensmuster los, die mich am Leben hindern. Ich begrabe alles, was mich am Leben hindert. Ich begrabe es im Grab Jesu Christi, damit er es in seiner Auferstehung verwandelt und auch mich als neuen Menschen aufstehen lässt.« Dann wirf wieder Erde hinein. Wenn du möchtest, kannst du an diesem Platz auch etwas pflanzen, was dich an das Vergrabene erinnert. Die Dinge, die begraben sind, werden zum Dünger für etwas Neues, das in dir aufblühen möchte.

Die Kirchenväter haben die Auferstehung Jesu mit der aufgehenden Sonne verglichen. Sie war für sie ein Symbol der Auferstehung, in der Jesus alles Dunkle in der Welt und in uns mit seinem Licht erleuchtet. Meditiere daher heute die Sonne.

Wenn die Sonne scheint, stelle dich in ihr Licht. Lasse dich von der Sonne wärmen. Stelle dir vor, dass dich in der Sonne Gottes Liebe anstrahlt. Dann stelle dir vor, wie die Sonne durch deine Haut hindurchgeht und den ganzen Körper wärmt. In der Wärme spürst du Gottes Liebe. Lasse diese Liebe in deinen ganzen Leib hineinströmen. Dann fühlst du, dass alles in dir von Gottes Liebe durchdrungen ist.

Stelle dir nun vor: Christus berührt im Licht der Sonne alles in dir, damit alles ans Licht kommen kann. Christus steigt im Licht der Sonne in alle dunklen Räume deines Leibes und deiner Seele hinab, um alles Abgestorbene, Unterdrückte und Verdrängte ans Licht und ins Leben zu bringen. So verlierst du die Angst vor dir selbst. Es gibt dann nichts in dir, was nicht vom Licht der Sonne erhellt wird.

In katholischen Gegenden wird täglich dreimal zum »Engel des Herrn«, zum »Angelus«, wie es auch heißt, geläutet. Am Morgen, am Mittag und am Abend gedenkt man so der Menschwerdung Gottes.

»Der Engel des Herrn brachte Maria die Botschaft. Und sie empfing vom Heiligen Geist. Maria sprach: Siehe, ich bin die Magd des Herrn. Mir geschehe nach deinem Wort. Und das Wort ist Fleisch geworden und hat unter uns gewohnt.« Höre heute einmal bewusst auf das Angelus-Läuten, das von den Kirchen in deiner Umgebung ausgeht. Halte kurz inne. Du kannst die Worte beten oder einfach in dich hineinhören und dir vorstellen: Zu mir spricht der Engel Gottes heute ein Wort, das in mir Fleisch annehmen will, das meinen Tag heute prägen möchte. Vielleicht gibt es ein Wort aus der Bibel, das du heute mit durch den Tag tragen möchtest und das deinen Tag prägen will?

Wasser hat reinigende und erneuernde Kraft,
was besonders im Symbol der Taufe deutlich wird.
Was im Übergießen bei der Taufe geschieht, kann
sich auch in täglichen Ritualen widerspiegeln,
wie zum Beispiel im morgendlichen Duschen.

Stelle dich heute einmal ganz bewusst am Morgen unter das warme Wasser der Dusche. Erlebe, dass nicht nur der äußere Schmutz weggewaschen wird. Wenn das warme Wasser an dir herunterrinnt, nimmt es all die Ängste mit, die du vor dem Tag hast. Es wischt die Müdigkeit von dir ab und löst den inneren Widerstand vor dem neuen Tag auf. Vielleicht fühlst du dich anschließend nicht nur erfrischt, sondern wie neu geboren. Du bekommst eine Ahnung davon, was es heißt, nicht die alte Leier des Vortages weiterspielen zu müssen, sondern von Neuem beginnen zu dürfen, mit neuen Voraussetzungen, mit neuem Mut, mit erneuertem Geist.

Zur Taufe bekommt der Täufling ein neues Kleid als Zeichen dafür, dass er Christus gleichsam wie ein Gewand angezogen hat. Das weiße Kleid drückt die Herrlichkeit aus, die im Kind aufleuchtet.

Ziehe heute einmal ganz bewusst ein »neues Kleid« an, wenn du von der Arbeit oder einer anderen Tätigkeit, die dich beansprucht hat, nach Hause, zur Ruhe kommst. Viele Menschen erzählen mir, dass das für sie wichtig ist, um die Arbeit von ihrem Privatleben abzugrenzen. Das gilt nicht nur für Menschen, die zum Arbeiten eine Uniform oder spezielle Arbeitskleidung tragen müssen. Denn dieses Umziehen ist ein wichtiges Ritual, um mit den Kleidern auch die Arbeit abzulegen und alles, was dich währenddessen belastet und vielleicht beschmutzt hat. Du musst dabei nicht unbedingt an Gott denken. Dennoch geschieht in diesem Ritual etwas von der Qualität der Taufe: Du legst Altes und Verbrauchtes ab, um dich neu zu fühlen, befreit von dem, was du tagsüber erlebt hast. Das lässt dich befreit und ganz neu in den Abend gehen. Es kann dazu beitragen, dass du auch im Kopf frei wirst von den rotierenden Gedanken, die dich nicht zur Ruhe kommen lassen und dir den Schlaf stehlen.

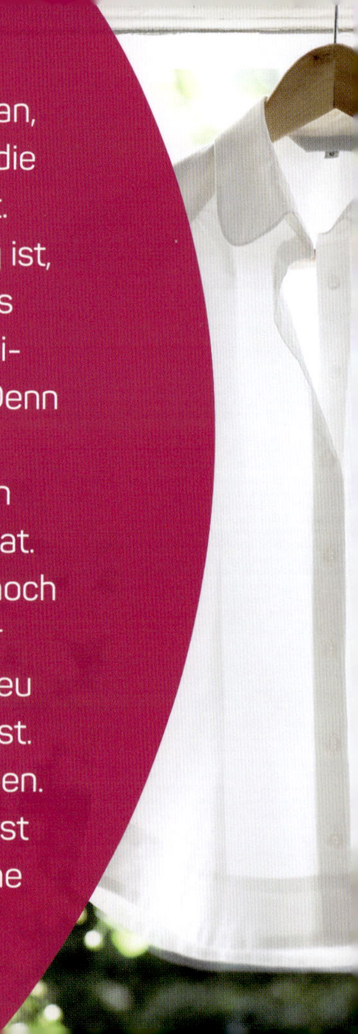

Viele erleben Schuld als etwas, das an ihnen haftet. Sie möchten frei werden davon, aber auch frei werden von den Schuldgefühlen, die das Innere ihres Herzens mit einem trüben Nebel einhüllen. Heute möchte ich dich daher einladen, ein Versöhnungsritual zu feiern.

Unser Leben wird durch tägliche Missverständnisse oder unbewusste Verletzungen immer wieder getrübt. Oft merken wir es gar nicht, dass sich etwas in uns verdunkelt. Aber jeder ungeklärte Streit, jede nicht bewusst wahrgenommene Kränkung frisst sich in die Seele ein.

Bete heute Abend daher einmal gemeinsam mit deiner Partnerin, deinem Parter, laut das Vaterunser. Denke bei der Bitte »Vergib uns unsere Schuld, wie auch wir vergeben unseren Schuldigern« an das, was tagsüber nicht so gut gelaufen ist. Das Vaterunser ist wie ein tägliches Reinigungsritual, damit du nichts vom Streit des vergangenen Tages mitnimmst in die Nacht.

Wenn du allein lebst, kannst du ebenfalls laut dieses Gebet sprechen und bei der Vergebungsbitte an all das denken, was dich heute gekränkt hat, was du aber vielleicht auch dir selbst nicht vergeben kannst, wo du also in Selbstvorwürfe verstrickt bleibst. So kannst du all das Gewesene am Ende des Tages Gott hinhalten und ihn um Vergebung bitten.

Wir sind vom Licht Gottes erfüllt, und durch uns will dieses Licht in die Welt strahlen. Heute möchte ich dich einladen, dieses Licht wahrzunehmen und es in deinem Leib aufleuchten zu lassen.

Setze dich still hin und verbinde deinen Atem mit dem Wort: »Ich bin die Herrlichkeit Gottes.« Beim Einatmen sage: »Ich bin«, und beim Ausatmen: »die Herrlichkeit Gottes.« Stelle dir dabei vor, dass diese Herrlichkeit beim Ausatmen alle Bereiche deines Leibes und deiner Seele durchdringt. Du lässt das Licht Gottes im Ausatmen bis in den Grund deiner Seele hineinströmen. Dann wirst du dich anders erfahren. Du spürst deine wahre Wirklichkeit. Du bist selbst Licht geworden, weil Gottes Licht alles in dir durchdringt. Damit kannst du nicht angeben, aber du darfst dankbar genießen, dass du die Herrlichkeit Gottes bist, dass in dir etwas vom Glanz Gottes aufstrahlt.

Für die frühen Mönche war das Jesusgebet ein Gebet der Reinigung. Sie haben es bewusst in alle Bereiche der eigenen Psyche hineingebetet. Übe daher heute einmal das Jesusgebet, gerade in den schwierigen Situationen des Tages.

»Herr Jesus Christus, Sohn Gottes, erbarme dich meiner« – das Jesusgebet ist einfach im Wortlaut und daher auch einfach zu merken.

Nimm dir heute einmal vor, es leise vor dich hin zu sprechen, wenn dich deine Wut, deine Enttäuschung, deine Bitterkeit, dein inneres Chaos überfallen. Vielleicht spürst du, dass sich dann etwas in dir ändert. Der Ärger verliert seine Macht über dich. Die Trübungen klären sich. Die inneren Verwicklungen lösen sich auf. Du kannst mit dem Jesusgebet nicht deinen Ärger wegbeten. Aber du nimmst den Ärger und das Gekränktsein an, ohne dagegen zu wüten. Du kannst deine Emotionen nicht in den Griff bekommen. Aber du hältst sie Gott hin und sprichst das Jesusgebet in die Affekte hinein, ohne inneren Druck, dass sie sich wandeln müssen. Im Jesusgebet lässt du die barmherzige Liebe Jesu in die inneren Trübungen fließen. Vielleicht erlebst du nach einer Zeit einen tiefen inneren Frieden. Es hat sich etwas geklärt. Du bist mit dir in Berührung. Der andere hat mit seiner Verletzung keine Macht mehr über dich.

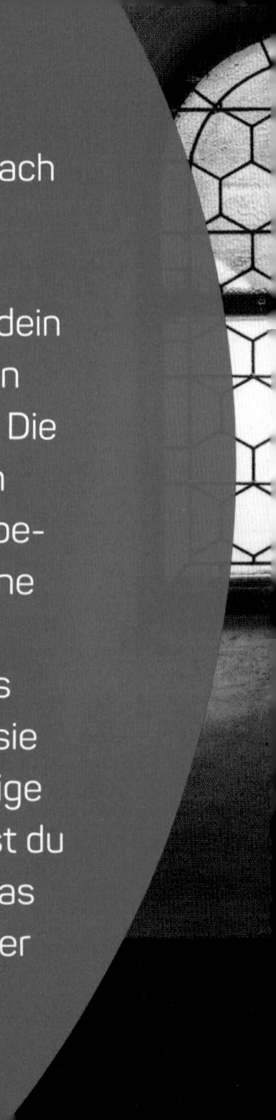

Im Schweigen begegne ich mir selbst.
Da tauchen die dunklen Stellen der Seele
auf. Das Schweigen kann
das Unklare klären.
Übe daher heute
einmal bewusst
eine Zeitlang
das Schweigen.

Schweigen will geübt sein. Nimm dir daher ausreichend Zeit und suche dir einen Raum – vielleicht auch in der Natur –, an dem du nicht reden musst. Die Mönche unterscheiden bewusst zwischen einem inneren und äußeren Schweigen. Es gibt Menschen, die zwar äußerlich schweigen. Innerlich aber reden sie ununterbrochen. Sie kreisen schweigend um ihre Unzufriedenheit oder um die Menschen, die ihnen auf die Nerven gehen. Sie halten ununterbrochen nörgelnde Selbstgespräche. Dann nutzt das Schweigen gar nichts. Schweigen bedeutet, das, was in mir immer wieder auftaucht, loszulassen. Aber es gilt das spirituelle Grundgesetz: Ich kann nur loslassen, was ich angenommen habe. Ich muss das, was in mir auftaucht, anschauen. Dann kann ich mich davon distanzieren und es loslassen.
Das Schweigen kann wie ein Bad sein, in das die Seele eintaucht. Wenn du beispielsweise einen ganzen Tag schweigend wanderst, dann fühlst du dich danach anders. Es ist etwas zur Ruhe gekommen. Und die Seele kann wieder frei atmen. Wir brauchen immer wieder solche Zeiten der Stille, in denen sich lösen kann, was sich in unserer Seele an Staub angesammelt hat.

Man könnte die Fastenzeit als eine Art Frühjahrsputz für Leib und Seele bezeichnen. Benedikt rät den Mönchen, in den Tagen der Fastenzeit »in aller Lauterkeit« auf ihr Leben zu achten und die »Nachlässigkeiten«, die sich eingeschlichen haben, zu tilgen (Benediktsregel 49,2f).
Gönne dir daher heute einmal einen Fasttag.

Einen Tag zu fasten muss nicht immer bedeuten, dass du auf Essen verzichtest oder auf Süßigkeiten, Alkohol oder Zigaretten. Ein Fasttag kann auch darin bestehen, dass du auf dein Leben schaust und überlegst, was darin einfach zu viel ist. Das könnten zum Beispiel die Gegenstände sein, die du in deiner Wohnung angehäuft hast, oder die Kleider im Schrank, die du nicht mehr trägst. Oder auch der vollgestopfte Terminkalender, der dir keine Sekunde mehr Zeit lässt zum Luftholen, oder das Handy, das dir keine Ruhe lässt.

Nimm dir einmal einen Tag Zeit, dir dieses »Zuviel« in deinem Leben bewusst zu machen und überlege, auf was du heute einmal nur für diesen einen Tag verzichten willst oder was du an diesem einen Tag daran ändern willst und kannst. Dieser Verzicht ist eine Einübung in die innere Freiheit. Die Erfahrung dieser Freiheit tut gut. Und du wirst spüren, wie nicht nur dein Körper leichter wird, sondern auch deine Seele.

Auf die Frage des Pilatus, ob Jesus der König der Juden sei, antwortet er: »Mein Königtum ist nicht von dieser Welt« (Johannes 18,36). Für mich ist das ein heilsames Bild, das auch für uns gilt.

Begib dich in den Wald an eine Stelle, an der du allein bist, ohne von anderen beobachtet zu werden. Lege dir einen Stein auf den Kopf und versuche, aufrecht durch den Wald zu gehen. Der Stein zwingt dich, ganz aufrecht zu bleiben, sonst fällt er herunter. Sage dir den Satz vor: »Mein Königtum ist nicht von dieser Welt.« Dann stelle dir vor, du gehst mit diesem Satz zur Arbeit, zu den Menschen, mit denen und für die du arbeitest. Wie würdest du sie erleben? Stelle dir vor, du gehst mit diesem Satz in deine Verletzungen hinein, in die Entwertungen durch andere, in Situationen der Schwäche und in Augenblicke, in denen du kein Selbstwertgefühl hattest. Wie würden sich dann die Situationen verwandeln? Wie würdest du dich selbst wandeln? Es geht nicht darum, dass du hart bist. Du sollst alles Verletzende, Entwertende und Bedrückende an dich heranlassen. Aber gehe durch diese Gefühle und Erfahrungen mit dem Bewusstsein, dass in dir etwas Königliches ist, das dadurch nicht zerstört werden kann.

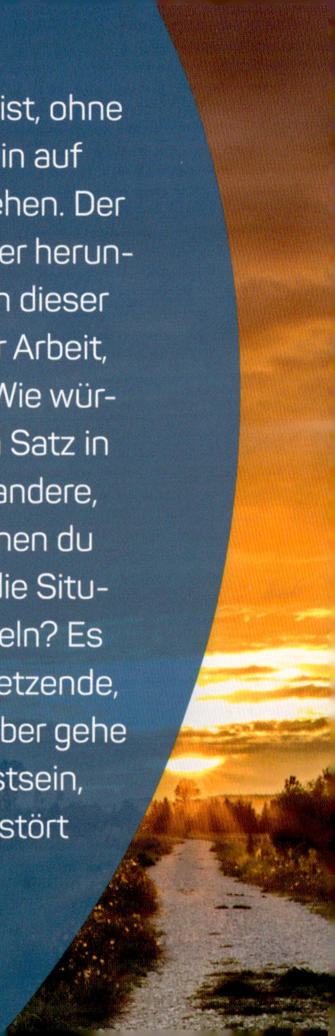

Jeder Tag bringt kleine und manchmal auch große Abschiede mit sich. Nicht immer sind sie uns bewusst. Begib dich heute daher einmal bewusst auf die Suche nach dem, was du verloren hast – und so vielleicht auch wiederfindest.

Zünde eine Kerze an und geh mit der brennenden Kerze durch deine dunkle Wohnung. Frage dich in jedem Raum, den du mit der Kerze betrittst: Was habe ich dort verloren? Was habe ich im Wohnzimmer, im Schlafzimmer, in der Küche, im Arbeitszimmer verloren? Und was möchte das Licht Jesu Christi mir wieder zurückgeben? Stelle dir vor, dass alles, was du in deiner Wohnung findest – alle Möbel, alle Bilder, alle Erinnerungsstücke –, zu deiner Ganzheit gehört. Alles ist ein Bild für deine Person, die sich ausdrückt in der Art und Weise, wie du wohnst. Lass alles, was deine Wohnung dir zeigt und was dich als Person ausmacht, vom Licht Jesu erleuchten und verwandeln. Dann wirst du dich auf neue Weise in deiner Wohnung erleben und du wirst deine eigene Ganzheit erahnen.

Fasten kann auch ein Wortfasten sein – und tut dann nicht nur dir selbst, sondern auch anderen gut. Gönne dir daher heute noch einmal einen ganz besonderen Fasttag!

Beobachte dich einmal, über wen du gerne redest und wie schnell sich in dieses Reden ein Urteilen und Bewerten einschleicht, wie gerne du gerade über die Fehler anderer redest. Dann nimm dir für heute einmal vor, über den Menschen, über den du dich sonst so gerne aufregst, nicht zu sprechen. Wenn es dich drängt, trotzdem zu reden, dann verbiete es dir: Heute nicht. Aber belasse es nicht beim Nicht-Reden. Versuche auch, deine Gedanken zum Schweigen zu bringen, die du dir über den anderen machst. Die Mönche sagen: Es hat keinen Sinn, kein Fleisch zu essen, wenn du ständig durch deine urteilenden Gedanken und Worte das Fleisch deiner Brüder isst. Lass dich von diesem Satz daran erinnern, heute auf das »Fleisch der Brüder und Schwestern« zu verzichten, eben einmal nicht über sie zu reden.

Manchmal fühlen wir uns schon nach dem Aufwachen ausgelaugt und müde. Wir haben keine Energie, den Tag neu zu beginnen. Besinne dich daher heute einmal auf deine inneren Quellen und lass dich von ihnen erfrischen.

Ein altes Gebet lautet: »Atme in mir, Heiliger Geist!« Setze dich still hin und beobachte deinen Atem. Stelle dir vor, dass beim Ausatmen alles Verstaubte und Vertrocknete in dir abfließt. Dann stelle dir vor, wie du beim Einatmen den Heiligen Geist einatmest, der alles in dir erneuert. Stelle dir vor, dass auf dem Grund deiner Seele, unterhalb von allem inneren Chaos, eine innere Quelle sprudelt. Nun stelle dir vor, dass beim Einatmen diese innere Quelle in deinen Körper einströmt und alles in dir erfrischt. Stelle dir vor, dass du aus dieser Quelle immer schöpfen kannst, ohne je erschöpft zu werden. Denn es ist die göttliche Quelle des Heiligen Geistes, die nie versiegt.

Die Nacht ist für die frühen Mönche immer etwas Heiliges. Sie achten die Stille der Nacht. Die Stille der Nacht ist der Ort, an dem Gott unser Herz berühren will. Ein schönes Abendritual ist daher, mit einem Segen die Tür des Tages zu schließen.

Kreuze am Abend vor dem Schlafengehen die Arme vor der Brust. Umarme mit dieser Geste all das, was du heute erlebt hast. Verzichte darauf, das, was war, zu bewerten. Lass alles von Christus umarmen und umarme es auch selbst: die Begegnungen, die dich beschenkt oder verletzt haben, deine Erfolge und Niederlagen, was du erledigen konntest und was du aufgeschoben hast. Umarme diesen Tag und übergebe ihn Gott.

Die Gebärde der Umarmung erinnert mich auch daran, dass ich mich in der Nacht in Gottes gute Hände fallen lasse. Diese Hände tragen mich. Ich bin in ihnen geborgen, gehalten und geliebt.

Schließe dieses Abendritual, indem du langsam die Segensworte sprichst, die schon 1600 Jahre alt sind: »Herr, kehre ein in dieses Haus, und lass deine heiligen Engel darin wohnen. Sie mögen uns in Frieden behüten. Und dein heiliger Segen sei allezeit über uns, und um uns, und in uns. Darum bitten wir durch Christus unseren Herrn. Amen.«

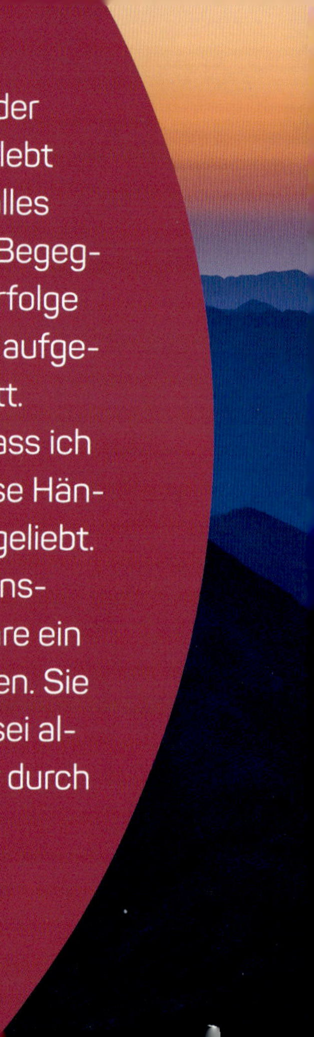

Stille finden im Alltag

Still zu werden ist nicht immer einfach. Im Alltag werden wir oft mitgerissen durch die Hektik in Beruf und Privatleben. Diese Rituale der Stille eröffnen den Zugang zu dem Raum in uns, in dem wir innehalten und in uns hineinhören. So können wir wieder Kraft und Freude für die Begegnung mit anderen und für die Anforderungen des Alltags finden.

ISBN 978-3-7365-0026-6
33 Blatt, mit 60 Farbfotografien

Im Hier und Jetzt leben

Dem Moment mehr Aufmerksamkeit schenken, Dinge ganz bewusst tun – diese Rituale der Achtsamkeit laden dazu ein, sich immer wieder ganz bewusst auf das Hier und Jetzt einzulassen und so den Alltag gelassener zu bewältigen.

ISBN 978-3-7365-0002-0
33 Blatt, mit 60 Farbfotografien